二年生の かん字 まずは これだけ

かくすう さくいん

●この ドリルで あつかって いる かん字には、ページ数《すう》を しめして います。

かん字の かくすうは、ひとふでで かく ぶぶんを 一かくと して かぞえます。

〈れい〉 牛 「牛」は 4かくです。

8かくの つづき～18かくは，2ページに あります。

1 読《よ》みまちがえやすい 一年生で ならった かん字 ①

（上・花・十・四）

月　日

てん

1 読《よ》みがなを なぞって、読《よ》み方《かた》を おぼえましょう。（一つ 5てん）

(1) 上ばき。（うわ）

(2) 上ぎ。（うわ）

(3) 花だん。（か）

(4) 花びん。（か）

(5) 十センチ。（じっ）

※「じゅっ」でも よい。

(6) 十ぴき。（じっ）

※「じゅっ」でも よい。

(7) 四月。（しがつ）

(8) 十日。（とおか）

(8)「とうか」と 書《か》かない ように しよう！

2 正しい 読《よ》み方《かた》を、◯で かこみましょう。（一つ 6てん）

(1) 上ばきを はく。
（ うえ ・ **うわ** ）

(2) 十日 すぎる。
（ とうか ・ とおか ）

(3) 花だんの 花。
（ か ・ はな ）

(4) 四月十五日。
（ しがつ ・ よんがつ ）

(5) 十センチの 糸。
（ じっ ・ じゅう ）

(6) 上ぎを きる。
（ うえ ・ うわ ）

(7) 四角《かく》い はこ。
（ し ・ よん ）

(8) 十日目《め》の 朝《あさ》。
（ とうか ・ とおか ）

(9) 花びんの 花。
（ か ・ はな ）

(10) 十ぴきの 魚《さかな》。
（ じっ ・ じゅう ）

2 読《よ》みまちがえやすい 一年生で ならった かん字 ②

（空・足・九・三）

月　日

てん

1 読《よ》みがなを なぞって、読《よ》み方《かた》を おぼえましょう。（一つ 5てん）

(1) 空き かん。（あ）

(2) せきが 空く。（あ）

(3) 水を 足す。（た）

(4) 一つ 足す。（た）

(5) 空っぽ。（から）

(6) 空の はこ。（から）

(7) 九日 たつ。（ここのか）

(8) きれいな 三日月。（みかづき）

2 正しい 読《よ》み方《かた》を、▢で かこみましょう。（一つ 6てん）

(1) せきが 空く。
- あ
- そら

(2) 水を 足す。
- た
- だ

(3) 空の はこ。
- そら
- から

(4) 九日《か》 たつ。
- く
- ここの

(5) 空きびん。
- くう
- あ

(6) 夜《よ》空《ぞら》の 三日月《づき》。
- みか
- さんにち

(7) 空っぽに なる。
- から
- そら

(8) 一つ 足りない。
- あし
- た

(9) 九つ ある。
- きゅう
- ここの

(10) 三日月が 見える。
- みっかづき
- みかづき

3 おぼえたかな？ チェック①

月　日

てん

1 かん字の 読《よ》みがなを 書《か》きましょう。（一つ 5てん）

※うすい 字は なぞろう。

(1) 花（　　）だん。

(2) せきが 空（　　）く。

(3) 上（　　）ばき。

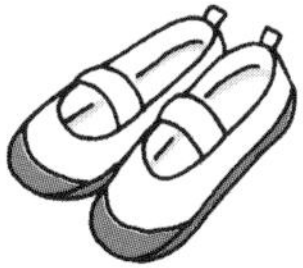

(4) 一（　　）つ 足（　　）す。

(5) 十（　　）センチ。

(6) 空（　　）の びん。

(7) 四月（　　） 四日（　　）。

(8) 九（　　）つ ある。

(9) 十月（　　） 十日（　　）。

(10) 三日月（　　づき　　）。

2 かん字の 読《よ》みがなを 書《か》きましょう。（一つ 5てん）

(1) 四角《かく》い。（　　）

(2) 空っぽ。（　　）

(3) 十ぴき。（　　）

(4) 水を 足す。（　　）

(5) 花びん。（　　）

(6) 空きばこ。（　　）

(7) 上ぎ。（　　）

(8) 九日間《かん》。（　　）

(9) 十日目《め》。（　　）

(10) 三日月。（　　）

(10)の 「月」は、「づき」を 「ずき」と 書《か》かないように 気を つけよう！

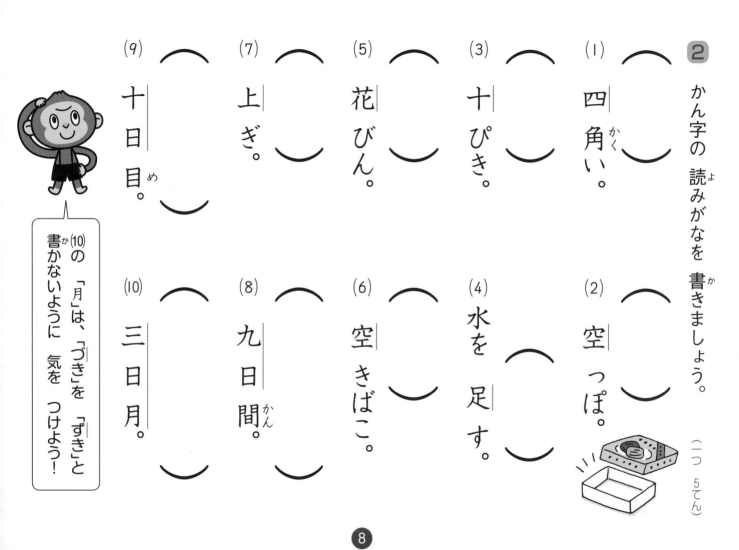

4 書《か》きまちがえやすい 一年生で ならった かん字 ①

（気・九・村・犬・空）

月　日

てん

1 かん字を なぞって、つかい方《かた》を おぼえましょう。（一つ 6てん）

※　の 読《よ》み方《かた》が まちがえやすい。

◀上の お手本を 見ながら なぞろう。

気（はねる）

読《よ》み方《かた》
キ
ケ
―

九（はねる）

読《よ》み方《かた》
キュウ
ク
ここ
ここのつ

村（はねる）

読《よ》み方《かた》
ソン
むら

犬（はらう）

読《よ》み方《かた》
ケン
いぬ

空

読《よ》み方《かた》
クウ
そら
あく
あける
から

気《き》もち いい。

九《ここの》つ ある。

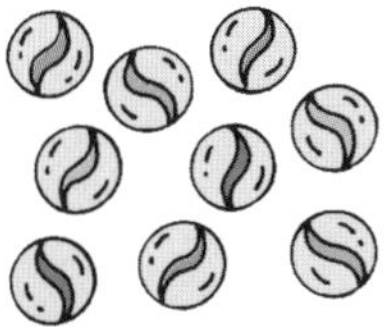

小さな 村《むら》。

犬《いぬ》が 走《はし》る。

空《あ》きかん。

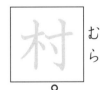

2 かん字を書《か》いて、つかい方《かた》をおぼえましょう。（一つ 7てん）

(1) 天《てん》気《き》。　□《き》もち。

(2) 九《ここの》日《か》間《かん》。　□《ここの》つある。

(3) 村《むら》外《はず》れ。　小さな□《むら》。

(4) 犬《いぬ》ごや。　□《いぬ》が走《はし》る。

(5) せきが空《あ》く。　□《あ》きかん。

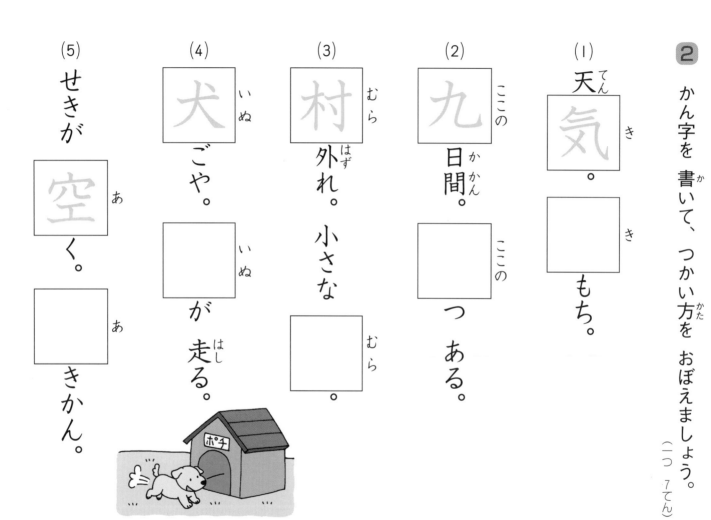

5 書《か》きまちがえやすい 一年生で ならった かん字 ②

（草・五・三・生・足）

月　日　　てん

1 かん字を なぞって、つかい方《かた》を おぼえましょう。（一つ 12てん）

※ ▢ の 読《よ》み方《かた》が まちがえやすい。

草
読《よ》み方《かた》
ソウ
くさ

五
読《よ》み方《かた》
ゴ
いつ
いつつ

三
読《よ》み方《かた》
サン
み
みつ
みっつ

生
読《よ》み方《かた》
セイ・ショウ
いきる・いかす
いける・うまれる
うむ・（おう）
はえる・はやす
（き）・なま

足
読《よ》み方《かた》
ソク
あし
たりる
たる・たす

にわの 草《くさ》。

四月 五《いつ》日《か》。

三《み》日月《かづき》。

花を 生《い》ける。

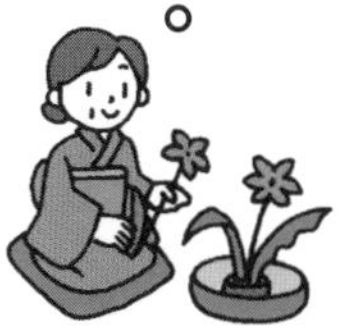

一つ 足《た》す。

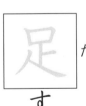

2 正しい ほうを、○で かこみましょう。（一つ 5てん）

(1) くさ

{ 早 ／ 草 } をとる。

(2) た(す)

一つ { 立 ／ 足 } す。

(3) い(ける)

花を { 生 ／ 行 } ける。

(4) た(りる)

{ 立 ／ 足 } りない。

(5) いつ

{ 一 ／ 五 } 日《か》間《かん》。

(6) くさ

{ 早 ／ 草 } かり。

(7) い(ける)

{ 生 ／ 行 } け花《ばな》。

(8) み

{ 三 ／ 見 } 日《か》月《づき》。

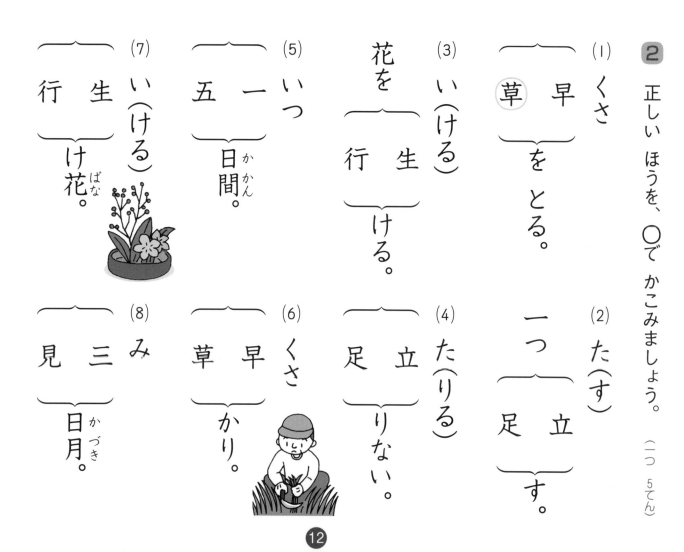

6 おぼえたかな？ チェック ②

月　日

てん

1 かん字を 書《か》きましょう。 （一つ 5てん）

(1) 十月□《ここの》日《か》。

(2) □《いつ》日《か》 たつ。

(3) □《いぬ》ごや。

(4) □《み》日《か》月《づき》。

(5) □《い》け花《ばな》。

(6) □《むら》外《はず》れ。

(7) □《くさ》かり。

(8) □《き》もち いい。

(9) □《あ》きばこ。

(10) 数《かず》を □《た》す。

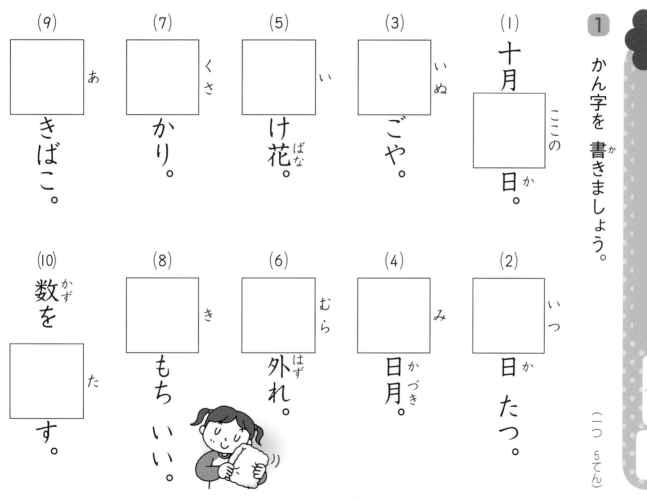

2 かん字を 書《か》きましょう。（一つ 5てん）

(1) □《くさ》を とる。 □《はや》く ねる。

(2) 一つ □《た》す。 □《た》ち上《あ》がる。

(3) 五月 □《いつ》日《か》。 □《いっ》回《かい》とぶ。

(4) 花を □《い》ける。 学校へ 行《い》く。（はねる）

(5) □《み》日月《かづき》。 空を □《み》る。

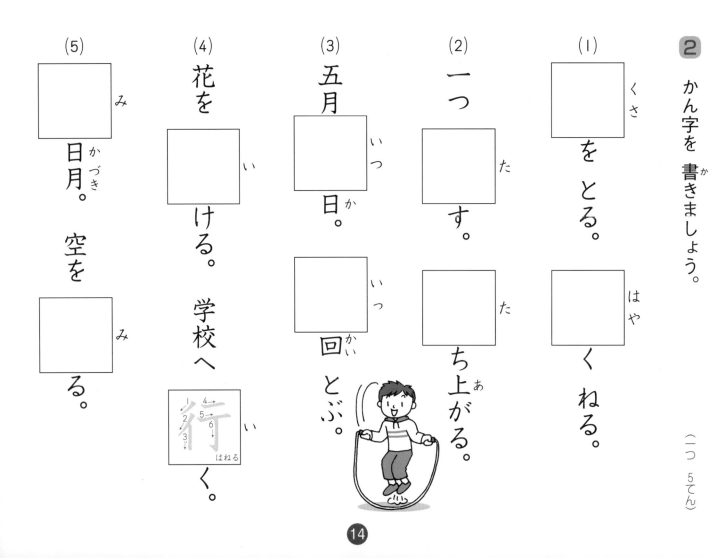

7 もう 一回《かい》、読《よ》み書《か》きチェック ①

月　日

てん

1 かん字の 読《よ》みがなを 書《か》きましょう。（一つ 5てん）

(1) 九日から 十日 かかる。

(2) 四角《かく》い 空きばこ。

(3) 十足《そく》の 上ばき。

(4) 空の びん。

(5) 水を 足す。

(6) 花だん。

(7) 三日月。

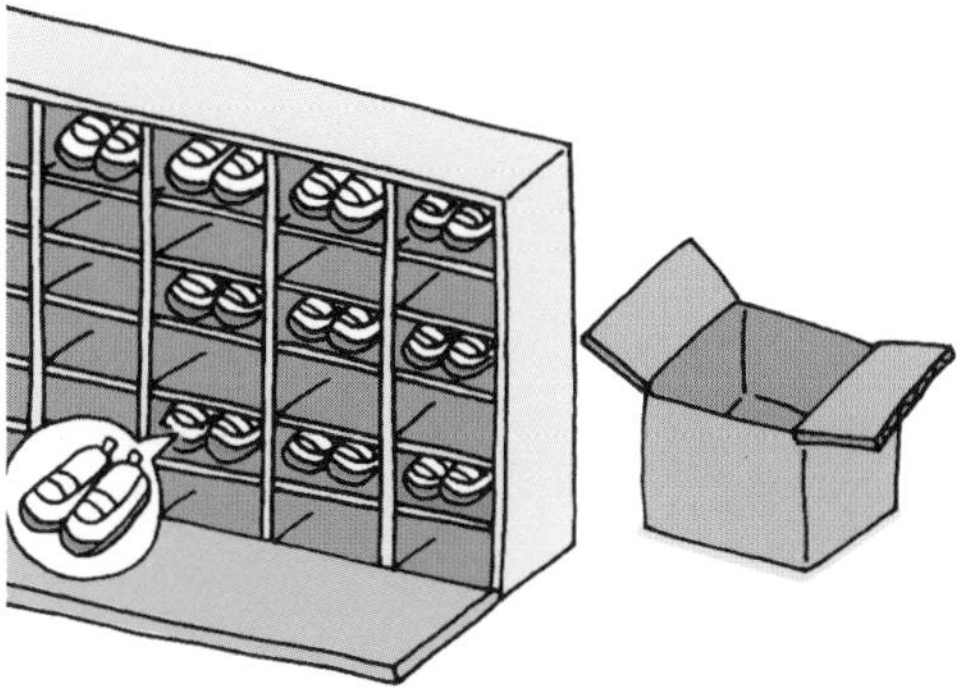

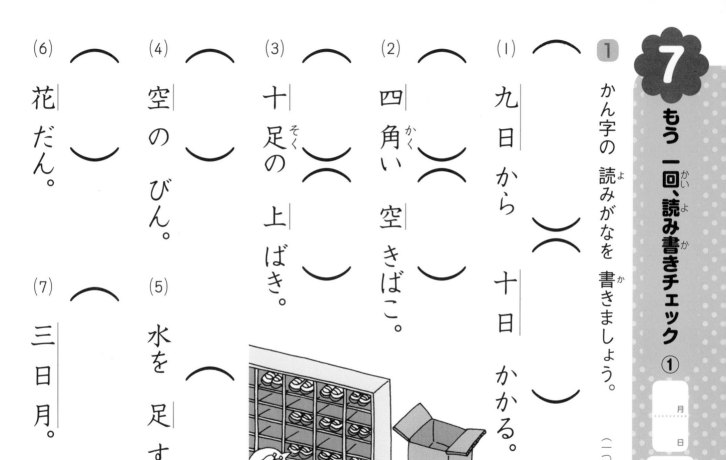

2 かん字を 書《か》きましょう。 （一つ 5てん）

(1) □《ここの》つの ビー玉。

(2) 一つ □《た》す。

(3) □《いぬ》が 元《げん》□《き》に 走《はし》る。

(4) □《むら》外《はず》れに ある □《あ》き地《ち》。

(5) □《くさ》花《ばな》を びんに □《い》ける。

(6) □《いつ》日《か》間《かん》。

(7) □《み》日《か》月《づき》が 見える。

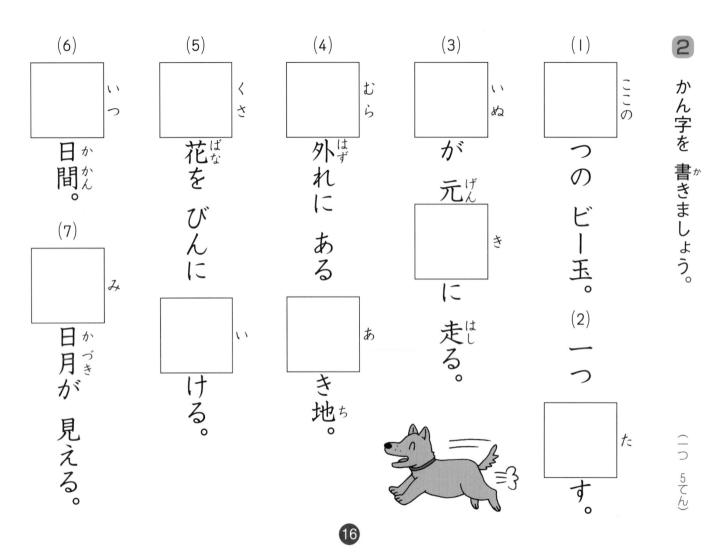

8 いっしょに おぼえる 二年生で ならう かん字 ①

（父・母・姉・妹・兄）

月　日

てん

1 かん字を なぞって、つかい方《かた》を おぼえましょう。（一つ 6てん）

※ ▬ の 読《よ》み方《かた》を おぼえよう。

字	書き方の注意	読《よ》み方《かた》
父	すこし はなす	フ　ちち
母	出す　はねる	ボ　はは
姉	はねる	（シ）　あね
妹	ながく	（マイ）　いもうと
兄	はねる	（ケイ）　キョウ　あに

父《ちち》と 歩《ある》く。

母《はは》と 出かける。

姉《あね》の くつ。

妹《いもうと》と あそぶ。

兄《あに》の かばん。

2 かん字を書《か》いて、つかい方《かた》をおぼえましょう。（一つ 7てん）

(1) 父《ちち》に話《はな》す。

□《ちち》の本。

(2) 母《はは》が出かける。

□《はは》のふく。

(3) 姉《あね》のかさ。

□《あね》が話《はな》す。

(4) 妹《いもうと》がねる。

□《いもうと》がわらう。

(5) 兄《あに》のくつ。

□《あに》が帰《かえ》る。

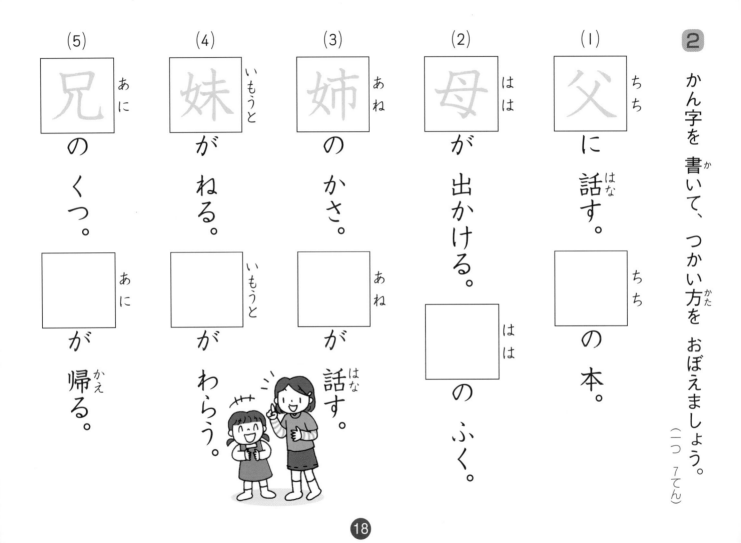

9 いっしょに おぼえる 二年生で ならう かん字 ②
（弟・親・友・自・分）

月　日　　てん

1 かん字を なぞって、つかい方《かた》を おぼえましょう。（一つ 6てん）

※ ▒ の 読《よ》み方《かた》を おぼえよう。

弟
はねる

読《よ》み方《かた》
（テイ）
ダイ
（デ）
おとうと

弟《おとうと》と あそぶ。

親
はねる

読《よ》み方《かた》
シン
おや
したしい
したしむ

馬《うま》の 親《おや》子《こ》。

友
出す

読《よ》み方《かた》
ユウ
とも

友《とも》だち。

自
左下へ

読《よ》み方《かた》
ジ
シ
みずから

自《じ》分《ぶん》の せき。

分
あける　はねる

読《よ》み方《かた》
ブン・フン
ブ
わける
わかれる
わかる
わかつ

半《はん》分《ぶん》に する。

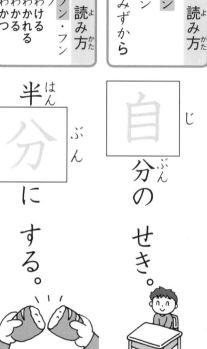

2 かん字を 書《か》いて、つかい方《かた》を おぼえましょう。（一つ 7てん）

(1) 弟《おとうと》の かさ。 □《おとうと》と あそぶ。

(2) 親《おや》と 子。 □《おや》ゆび。

(3) 友《とも》だち。 おさな□《とも》だち。

(4) 自《じ》分《ぶん》の 声《こえ》。 □《じ》ゆう時《じ》間《かん》。

(5) 自《じ》分《ぶん》の 本。 半《はん》□《ぶん》に する。

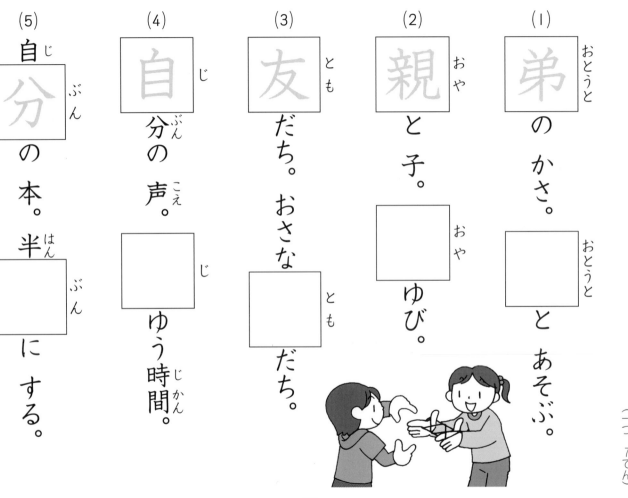

10 おぼえたかな？ チェック ③

月　日

てん

1 かん字の 読《よ》みがなを 書《か》きましょう。（一つ 5てん）

(1) 兄の へや。（　）

(2) 父の くつ。（　）

(3) 姉と 帰《かえ》る。（　）

(4) 友だち。（　）

(5) 母が 話《はな》す。（　）

(6) 妹の かさ。（　）

(7) 父の 声《こえ》。（　）

(8) 弟と あそぶ。（　）

(9) 犬の 親子。（　）（　）

(10) 自分の 顔《かお》。（　）

2 かん字を 書《か》きましょう。

（一つ 5てん）

(1) □《とも》だち。

(2) □《ちち》と 歩《ある》く。

(3) □《はは》の ふく。

(4) 馬《うま》の □《おや》子《こ》。

(5) □《おとうと》の 絵《え》本《ほん》。

(6) □《あね》の かさ。

(7) □《はは》に 言《い》う。

(8) □《いもうと》が 歌《うた》う。

(9) □《あに》が 帰《かえ》る。

(10) □《じ》□《ぶん》の 本。

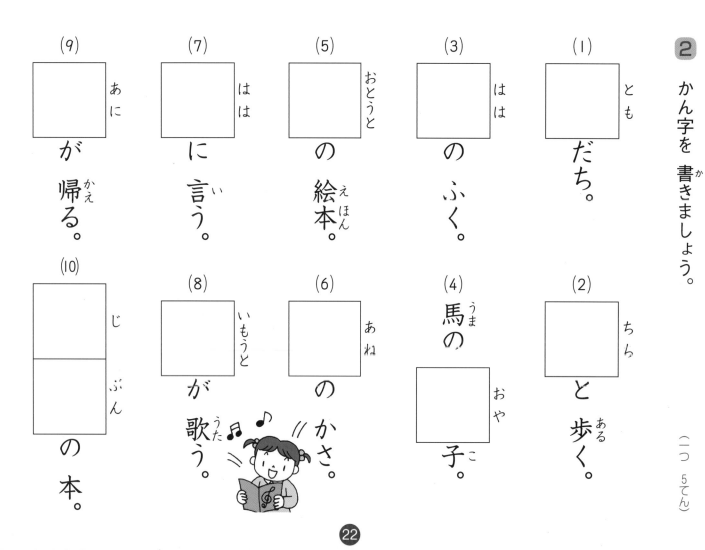

11 いっしょに おぼえる 二年生で ならう かん字 ③

（体・毛・首・頭・顔）

月　日

てん

1 かん字を なぞって、つかい方《かた》を おぼえましょう。（一つ 6てん）

※ の 読《よ》み方《かた》を おぼえよう。

体

読《よ》み方《かた》
タイ
（テイ）
からだ

毛

ながく
はねる

読《よ》み方《かた》
モウ
け

首

ながく

読《よ》み方《かた》
シュ
くび

頭

右上へ

読《よ》み方《かた》
トウ・ズ
（ト）
あたま
（かしら）

顔

読《よ》み方《かた》
ガン
かお

体《からだ》を ふく。

かみの 毛《け》。

首《くび》を ふる。

頭《あたま》を かく。

顔《かお》を あらう。

2 かん字を 書《か》いて、つかい方《かた》を おぼえましょう。（一つ 7てん）

(1) 大きい 体《からだ》。 □《からだ》を あらう。

(2) 毛《け》が 生える。 かみの □《け》。

(3) 手《て》首《くび》。 □《くび》を のばす。

(4) 頭《あたま》を 下げる。 □《あたま》が いい。

(5) わらい 顔《がお》。 □《かお》を ふく。

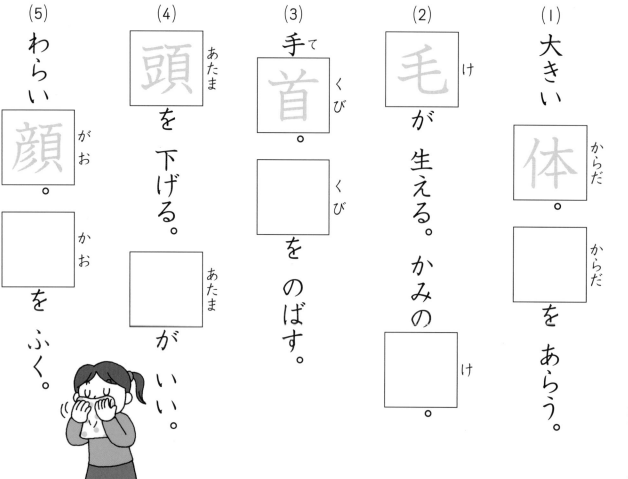

12 いっしょに おぼえる 二年生で ならう かん字 ④

（牛・馬・魚・鳥・羽）

月　日　　てん

1 かん字を なぞって、つかい方《かた》を おぼえましょう。（一つ 6てん）

※ の 読《よ》み方《かた》を おぼえよう。

牛（ながく）
読《よ》み方《かた》：ギュウ　うし

馬（はねる）
読《よ》み方《かた》：バ　うま　ま

魚
読《よ》み方《かた》：ギョ　うお　さかな

鳥（はねる）
読《よ》み方《かた》：チョウ　とり

羽（右上へ　はねる）
読《よ》み方《かた》：（ウ）　は　はね

牛《うし》が 鳴《な》く。

馬《うま》が 走《はし》る。

魚《さかな》を つる。

鳥《とり》が とぶ。

鳥《とり》の 羽《はね》。

2 かん字を書《か》いて、つかい方《かた》をおぼえましょう。（一つ 7てん）

(1) 子《こ》牛《うし》。 □《うし》のちち。

(2) 馬《うま》にのる。 □《うま》の親子《おやこ》。

(3) 魚《さかな》つり。 大きな□《さかな》。

(4) 小《こ》鳥《とり》。 □《とり》のひな。

(5) 虫の羽《はね》。 □《はね》を広《ひろ》げる。

13 おぼえたかな？ チェック ④

月 日

てん

1 かん字の 読《よ》みがなを 書《か》きましょう。（一つ 5てん）

(1) かみの 毛。（　　）

(2) 大きい 牛。（　　）

(3) 首を ふる。（　　）

(4) 馬が 走《はし》る。（　　）

(5) 大きい 体。（　　）

(6) 小さな 鳥。（　　）

(7) 白い 羽。（　　）

(8) わらい 顔。（　　）

(9) 頭を かく。（　　）

(10) 魚を つる。（　　）

2 かん字を書《か》きましょう。（一つ 5てん）

(1) □《うし》のちち。

(2) □《け》が生える。

(3) □《うま》にのる。

(4) □《くび》をのばす。

(5) □《からだ》をふく。

(6) □《はね》を広《ひろ》げる。

(7) 小さな□《さかな》。

(8) □《あたま》がいい。

(9) □《とり》がとぶ。

(10) □《かお》をあらう。

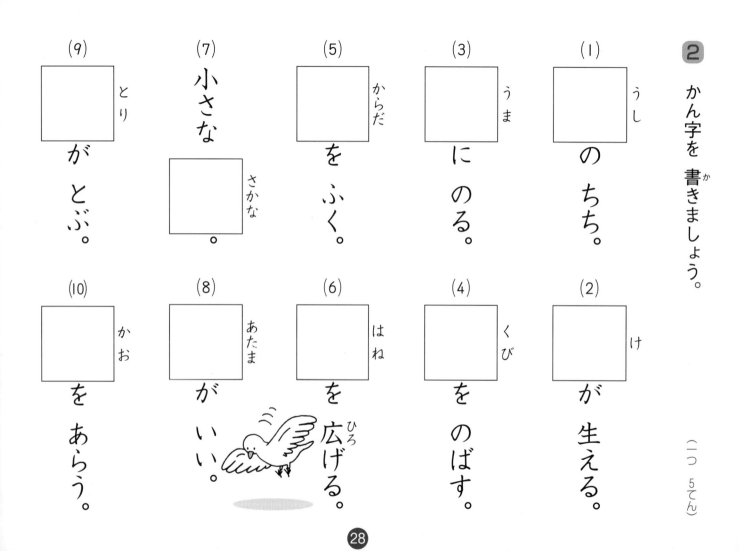

14 もう 一回《かい》、読《よ》み書《か》きチェック ②

月　日

てん

1 かん字の 読《よ》みがなを 書《か》きましょう。（一つ 5てん）

(1) 父と 母が 出かける。

(2) 妹と 姉が あそぶ。

(3) 弟が 首を よこに ふる。

(4) 兄が 魚を つる。

(5) 自分の 体を あらう。

2 かん字を書《か》きましょう。

（一つ 5てん）

(1) □《うし》の□《からだ》は大きい。

(2) □《とり》の□《はね》をひろう。

(3) □《あたま》の□《け》を切《き》る。

(4) □《とも》だちの□《かお》を見る。

(5) □《うま》の□□《おやこ》が歩《ある》く。

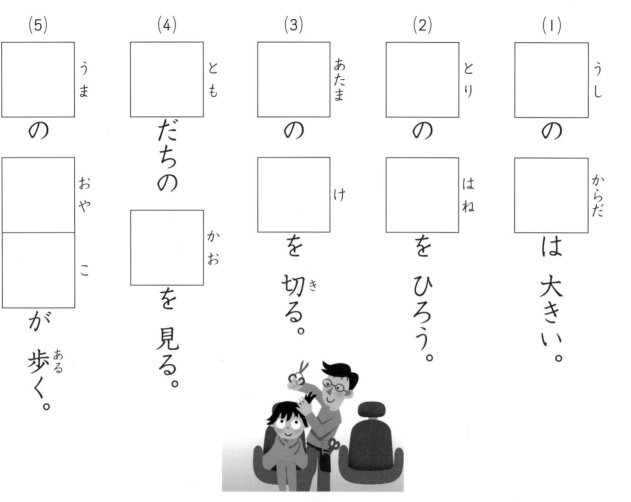

15 いっしょに おぼえる 二年生で ならう かん字 ⑤
(東・西・南・北)

月　日　てん

1 かん字を なぞって、つかい方《かた》を おぼえましょう。（一つ 5てん）

※ ▒ の 読《よ》み方《かた》を おぼえよう。

漢字	読《よ》み方《かた》
東	トウ　ひがし
西	セイ　サイ　にし
南	ナン　（ナ）　みなみ
北	ホク　きた

東（はらう）　西（まげる）　南（はねる）　北（右から・はねる）

東《ひがし》の 空。

西《にし》日《び》が さす。

南《みなみ》むき。

北《きた》風《かぜ》が ふく。

東《とう》西《ざい》や 南《なん》北《ぼく》の 長《なが》さ。

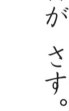

2 かん字を 書《か》いて、つかい方《かた》を おぼえましょう。（一つ 7てん）

(1) 市《し》の 東《ひがし》がわ。

□《ひがし》の 空。

(2) 西《にし》に むかう。

□《にし》日《び》が さす。

(3) えきの 南《みなみ》。

□《みなみ》むき。

(4) 北《きた》に すすむ。

□《きた》風《かぜ》。

(5) 東《とう》西《ざい》や 南《なん》北《ぼく》に 走《はし》る。

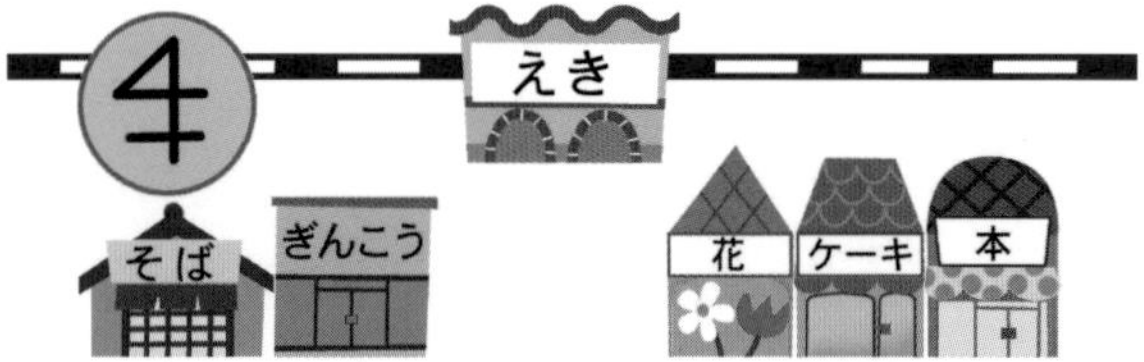

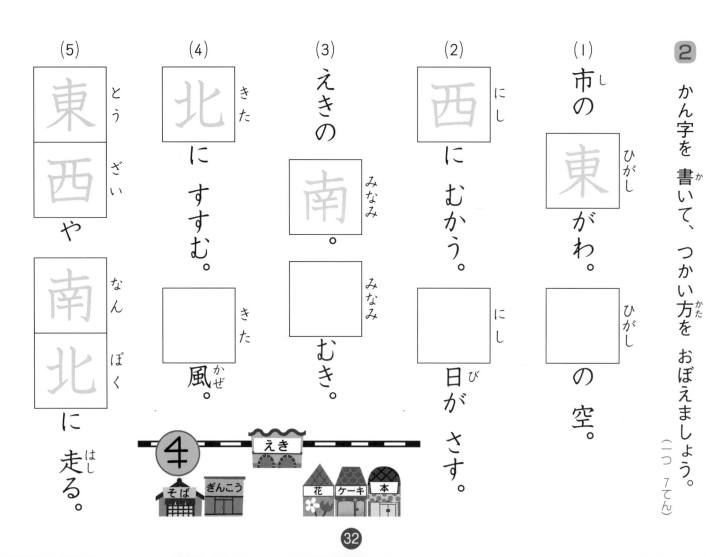

16 いっしょに おぼえる 二年生で ならう かん字 ⑥
（方・角・前・後）

月　日

てん

1 かん字を なぞって、つかい方《かた》を おぼえましょう。（一つ　5てん）

※ ▢ の 読《よ》み方《かた》を おぼえよう。

方　はねる
読《よ》み方《かた》：ホウ／かた

角　はねる
読《よ》み方《かた》：カク／かど／つの

前　はねる　はねる
読《よ》み方《かた》：ゼン／まえ

後　わすれない
読《よ》み方《かた》：ゴ・コウ／のち／うしろ／あと／（おくれる）

山の 方《ほう》こう。

南《みなみ》の 方《ほう》角《がく》。

前《まえ》で 話《はな》す。

後《うし》ろの せき。

後《あと》の 人。車の 前《ぜん》後《ご》。

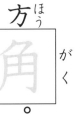

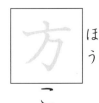

2 かん字を書《か》いて、つかい方《かた》をおぼえましょう。（一つ 7てん）

(1) 市《し》内《ない》方《ほう》めん。すすむ□《ほう》こう。

(2) 三《さん》角《かく》の形《かたち》。北《きた》の方《ほう》□《がく》。

(3) 前《まえ》むき。□《まえ》に出る。

(4) 後《うし》ろすがた。□《うし》ろの人。

(5) れつの後《あと》。前《ぜん》後《ご》の人。

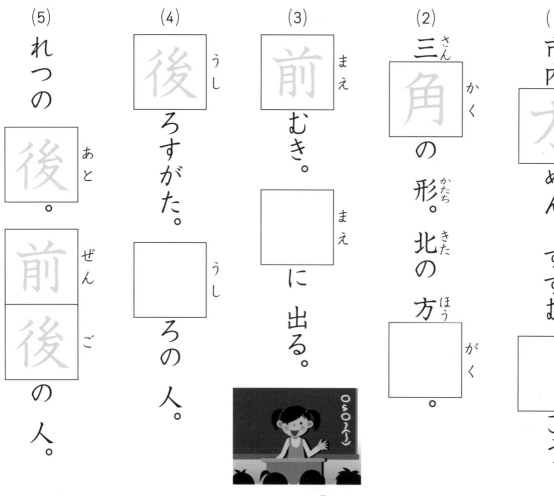

17 おぼえたかな? チェック⑤

月　日

てん

1 かん字の 読《よ》みがなを 書《か》きましょう。（一つ 5てん）

(1) 東がわ。（　　）

(2) 山の 方こう。（　　）

(3) 前に 出る。（　　）

(4) 車の 前後。（　　）

(5) 学校の 南。（　　）

(6) 家《いえ》の 方角。（　　）

(7) 後ろの 木。（　　）

(8) 強《つよ》い 西日。（　　）

(9) 北を さす。（　　）

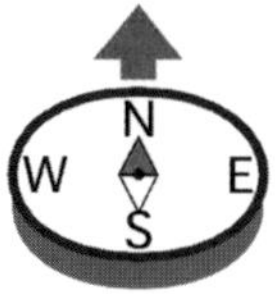

(10) 市《し》の 東西。（　　）

2 かん字を 書《か》きましょう。 （一つ 5てん）

(1) 山の□《ほう》。

(2) □《にし》がわ。

(3) □《ひがし》の空。

(4) □□《ほうがく》。

(5) □《みなみ》むき。

(6) □《まえ》を見る。

(7) 強《つよ》い□《きた》風《かぜ》。

(8) □□《とうざい》。

(9) □《うし》ろの車。

(10) □□《ぜんご》。

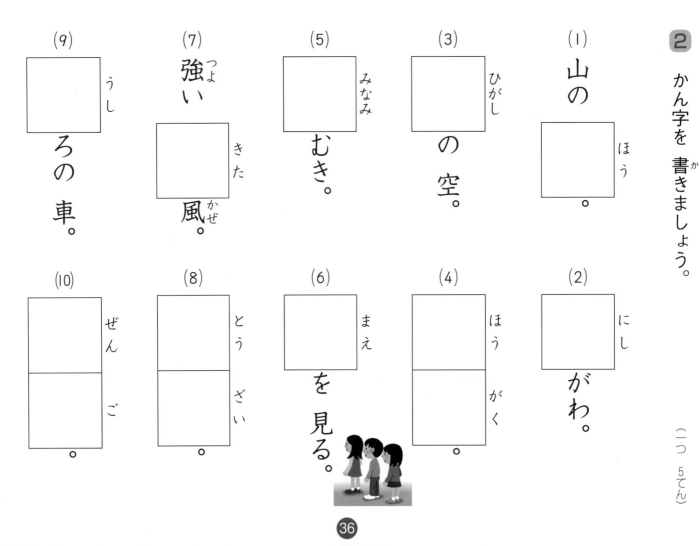

18 いっしょに おぼえる 二年生で ならう かん字 ⑦

（春・夏・秋・冬）

月　日　てん

1 かん字を なぞって、つかい方《かた》を おぼえましょう。（一つ　5てん）

※ の 読《よ》み方《かた》を おぼえよう。

春　読《よ》み方《かた》　シュン　はる

夏　読《よ》み方《かた》　カ　（ゲ）　なつ

秋　読《よ》み方《かた》　シュウ　あき

冬　読《よ》み方《かた》　トウ　ふゆ

春《はる》の 日。

あつい 夏《なつ》。

秋《あき》の 空。

さむい 冬《ふゆ》。

春《しゅん》分《ぶん》の 日《ひ》。

秋《しゅう》分《ぶん》の 日《ひ》。

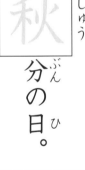

2 かん字を 書《か》いて、つかい方《かた》を おぼえましょう。（一つ 7てん）

(1) 春《はる》休《やす》み。
□《はる》に なる。

(2) 夏《なつ》休《やす》み。
□《なつ》の 天気。

(3) 秋《あき》まつり。
□《あき》の 夜《よ》長《なが》。

(4) 冬《ふゆ》もの。
□《ふゆ》が 来《く》る。

(5) 春《しゅん》分《ぶん》の日《ひ》。
秋《しゅう》分《ぶん》の日《ひ》。

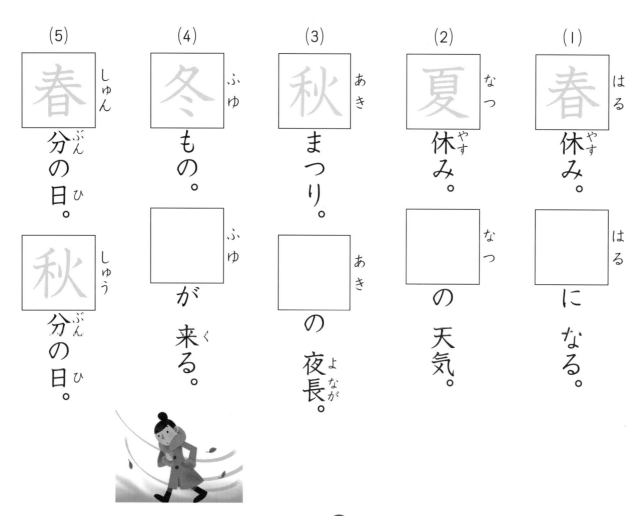

19 いっしょに おぼえる 二年生で ならう かん字 ⑧
（朝・昼・夜・時・間）

月　日

てん

1 かん字を なぞって、つかい方《かた》を おぼえましょう。（一つ 6てん）

※ ▒ の 読《よ》み方《かた》を おぼえよう。

朝（はねる）
読《よ》み方《かた》：チョウ、あさ

昼
読《よ》み方《かた》：チュウ、ひる

夜
読《よ》み方《かた》：ヤ、よ、よる

時（はねる）
読《よ》み方《かた》：ジ、とき

間（はねる）
読《よ》み方《かた》：カン、ケン、あいだ、ま

朝《あさ》に なる。

昼《ひる》休《やす》み。

くらい 夜《よる》。

三《さん》時《じ》に 帰《かえ》る。

早い 時《じ》間《かん》。

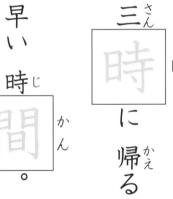

2 かん字を 書《か》いて、つかい方《かた》を おぼえましょう。（一つ 7てん）

(1) 朝《あさ》日《ひ》が さす。 □《あさ》早《はや》く おきる。

(2) 昼《ひる》ごはん。 □《ひる》の 間《あいだ》。

(3) 夜《よる》に なる。 しずかな □《よる》。

(4) 九《く》時《じ》に ねる。 十《じゅう》□《じ》に 会《あ》う。

(5) 休み時《じ》間《かん》。 一週《いっしゅう》□《かん》の よてい。

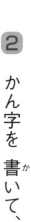

20 おぼえたかな？ チェック⑥

月　日　てん

1 かん字の 読《よ》みがなを 書《か》きましょう。（一つ 5てん）

(1) 春（　）休《やす》み。

(2) 秋（　）の 行《ぎょう》じ。

(3) 夏（　）休《やす》み。

(4) 昼（　）ねする。

(5) 冬（　）休《やす》み。

(6) 夜（　）に 帰《かえ》る。

(7) 春（　）の 風《かぜ》。

(8) 明《あか》るい 朝日（　）。

(9) 休み 時間（　）。

(10) 秋分（　）の 日。

2 かん字を 書《か》きましょう。（一つ 5てん）

(1) □《はる》が 来《く》る。

(2) 六《ろく》□《じ》ごろ。

(3) あつい □《なつ》。

(4) □《あさ》の 天気。

(5) □《ひる》休《やす》み。

(6) □《あき》の 空。

(7) さむい □《ふゆ》。

(8) くらい □《よる》。

(9) □《しゅう》分《ぶん》の 日。

(10) 早い □《じ》□《かん》。

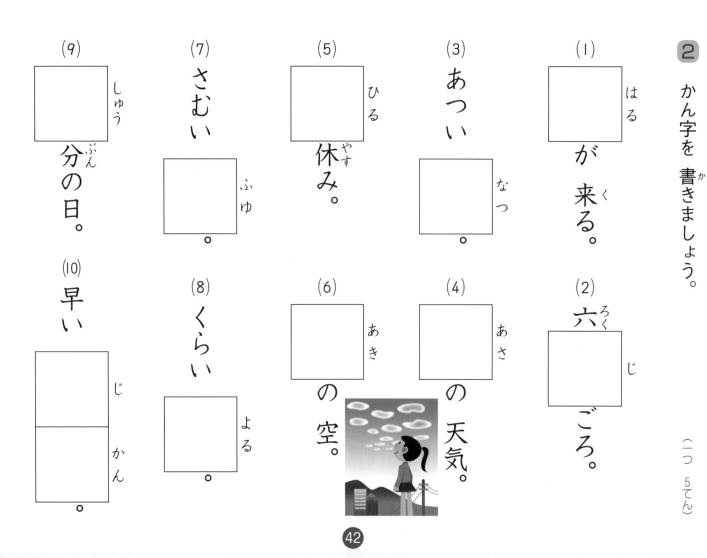

21 もう 一回《かい》、読《よ》み書《か》きチェック ③

月　　日　　　　てん

1 かん字の 読《よ》みがなを 書《か》きましょう。（一つ 5てん）

(1) 春（　　）の 朝日（　　）を あびる。

(2) 前（　　）の 方（　　）に 歩《ある》く。

(3) 冬（　　）の 夜（　　）は、さむく なる。

(4) 南（　　）の 国《くに》は 夏（　　）のように あつい。

(5) 昼（　　）休《やす》みに 教室《きょうしつ》の 後（　　）ろで 話《はな》す。

2 かん字を 書《か》きましょう。

（一つ 5てん）

(1) □《ひがし》から □《にし》に すすむ。

(2) □《あき》から □《ふゆ》に なる。

(3) □《よる》に ねて、□《あさ》に おきる。

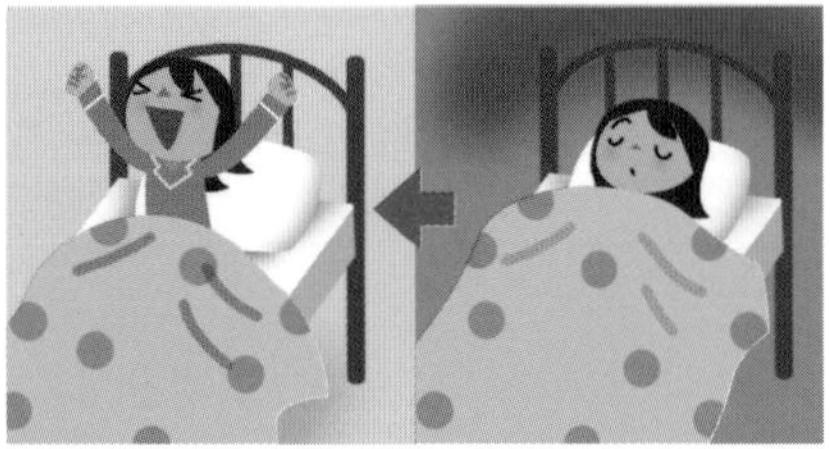

(4) □《ひる》ごはんの □《じ》□《かん》に なる。

(5) □《きた》の □《ほう》□《がく》に 山が 見える。

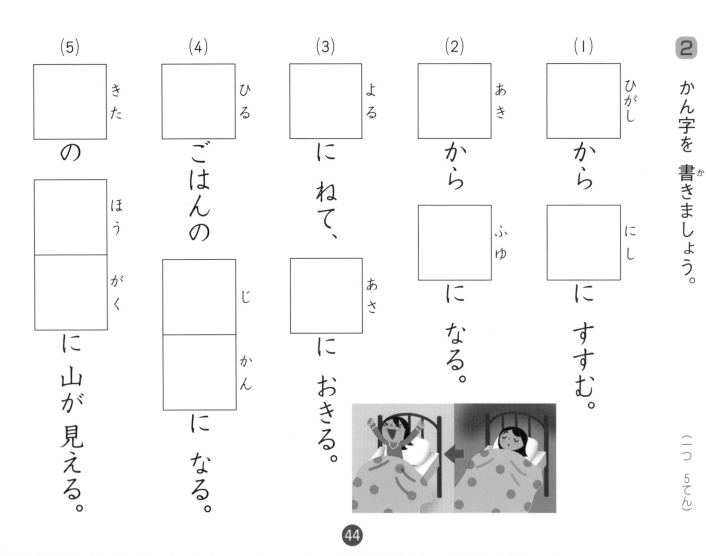

22 読《よ》みまちがえやすい 二年生で ならう かん字 ①

（細・場・食・理・形）

月　日

てん

1 読《よ》みがなを なぞって、読《よ》み方《かた》を おぼえましょう。（一つ 5てん）

(1) 細い 糸。（ほそ）

(2) 細長《なが》い。（ほそ）

(3) すな場。（ば）

(4) 市《いち》場で 買《か》う。（ば）

(5) えさを 食う。（く）

(6) 食いしんぼう。（く）

(7) おいしい りょう理。（り）

(8) 妹《いもうと》の 人形。（にんぎょう）

(8)「にんぎょお」と書《か》かないようにしよう！

2 正しい 読《よ》み方《かた》を、（ ）で かこみましょう。（一つ 6てん）

(1) 細い ひも。
（ ほそ ／ こまか ）

(2) 広《ひろ》場に あつまる。
（ ば ／ じょう ）

(3) えさを 食う。
（ た ／ く ）

(4) りょう理を 作《つく》る。
（ み ／ り ）

(5) 人《にん》形を だく。
（ けい ／ ぎょう ）

(6) すな場で あそぶ。
（ ば ／ じょう ）

(7) 理科《か》室《しつ》に 入る。
（ り ／ きょう ）

(8) 細長《なが》い ようき。
（ おも ／ ほそ ）

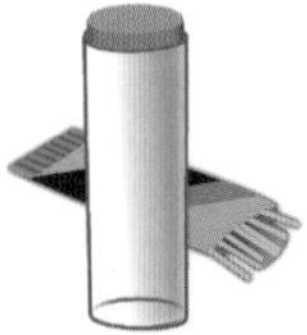

(9) 食いしんぼう。
（ く ／ た ）

(10) 人形を かざる。
（ にんけい ／ にんぎょう ）

23 読《よ》みまちがえやすい 二年生で ならう かん字 ②

（海・線・新・太・汽）

月　日

てん

1 読《よ》みがなを なぞって、読《よ》み方《かた》を おぼえましょう。（一つ 5てん）

(1) 海がん。（かい）

(2) 海水よく。（かいすい）

(3) 線を 引《ひ》く。（せん）

(4) 長《なが》い 直《ちょく》線。（せん）

(5) 朝《あさ》の 新聞《ぶん》。（しん）

(6) 新入生。（しんにゅうせい）

(7) 太った ねこ。（ふと）

(8) 汽車が 走《はし》る。（きしゃ）

(5)・(6)の「新《しん》」は、
「新作《さく》」「新年《ねん》」
「新はつ売《ばい》」のように
つかうよ！

2 正しい 読《よ》み方《かた》を、◯で かこみましょう。 （一つ 6てん）

(1) 細《ほそ》い 線。
（ せん ・ いと ）

(2) 海がんを 歩《ある》く。
（ うみ ・ かい ）

(3) 新聞《ぶん》を 読《よ》む。
（ しん ・ あたら ）

(4) 太った 犬。
（ おお ・ ふと ）

(5) 直《ちょく》線の 長《なが》さ。
（ せつ ・ せん ）

(6) 汽車に のる。
（ きしゃ ・ でんしゃ ）

(7) 食《た》べて 太る。
（ ふと ・ こま ）

(8) 新入生《せい》が 来《く》る。
（ いちねん ・ しんにゅう ）

(9) 海水よく。
（ かいすい ・ うみみず ）

(10) 汽てきが 鳴《な》る。
（ す ・ き ）

24 おぼえたかな？ チェック ⑦

月　日

てん

1 かん字の 読《よ》みがなを 書《か》きましょう。（一つ 5てん）

(1) あそび 場。（　）

(2) 直《ちょく》線 を 引《ひ》く。（　）

(3) 細 長《なが》い。（　）

(4) 海 水 よく。（　）

(5) りょう 理。（　）

(6) 太 った ねこ。（　）

(7) 古《ふる》い 汽 車。（　）

(8) えさを 食 う。（　）

(9) 日本 人 形。（　）

(10) 新 入 生。（　）

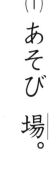

2 かんじの 読《よ》みがなを 書《か》きましょう。（一つ 5てん）

(1) 理科《か》室《しつ》。

(2) 線を 引《ひ》く。

(3) すな場。

(4) 食いしんぼう。

(5) 海がん。

(6) 太った 犬。

(7) 汽てき。

(8) 朝《あさ》の 新聞《ぶん》。

(9) 細い 糸。

(10) ゆび人形。

(10)の「形」は、「ぎょお」と 書《か》かないように 気を つけよう！

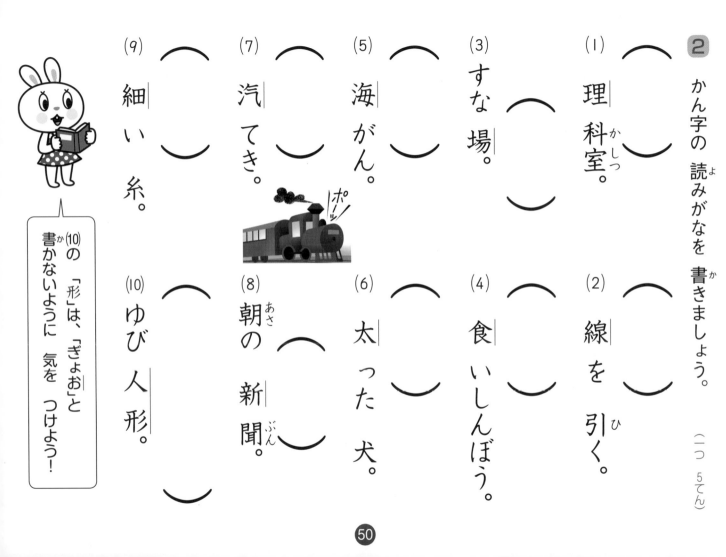

25 書《か》きまちがえやすい 二年生で ならう かん字 ①
（当・画・通・雲・歌）

月　日

てん

1 かん字を なぞって、つかい方《かた》を おぼえましょう。（一つ 6てん）

※ ▢ の 読《よ》み方《かた》が まちがえやすい。

当
読《よ》み方《かた》
トウ
あたる
あてる

画
出さない
読《よ》み方《かた》
ガ
カク
—

通
はねる
読《よ》み方《かた》
ツウ・（ツ）
とおる
とおす
かよう

雲
読《よ》み方《かた》
ウン
くも

歌
はねる
読《よ》み方《かた》
カ
うた
うたう

当《とう》番《ばん》に なる。

画《が》用《よう》紙《し》。

車が 通《とお》る。

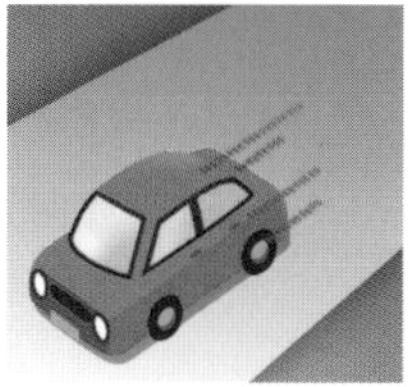

白い 雲《くも》。

明《あか》るい 歌《うた》声《ごえ》。

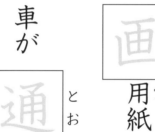

2 かん字を書《か》いて、つかい方《かた》をおぼえましょう。（一つ 7てん）

(1) 本《ほん》当《とう》の話《はなし》。きゅう食《しょく》□《とう》番《ばん》。

(2) 図《ず》画《が》工作《こうさく》。□《が》用紙《ようし》にかく。

(3) 前《まえ》を通《とお》りすぎる。人が□《とお》る。

(4) わた雲《ぐも》。空に□《くも》がうかぶ。

(5) 歌《うた》を歌《うた》う。□《うた》声《ごえ》が聞《き》こえる。

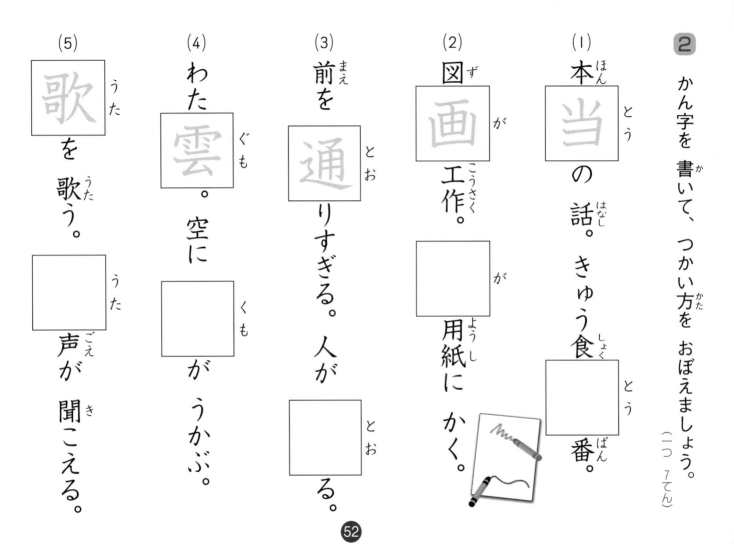

26 書《か》きまちがえやすい 二年生で ならう かん字 ②
（汽・弱・海・教・聞）

月　日

てん

1 かん字を なぞって、つかい方《かた》を おぼえましょう。（一つ 12てん）

※ ▒ の 読《よ》み方《かた》が まちがえやすい。

汽
読《よ》み方《かた》
キ
―

弱
読《よ》み方《かた》
ジャク
よわい
よわる
よわまる
よわめる

海
読《よ》み方《かた》
カイ
うみ

教
読《よ》み方《かた》
キョウ
おしえる
おそわる

聞
読《よ》み方《かた》
ブン
（モン）
きく
きこえる

汽《き》車《しゃ》が 走《はし》る。

風《かぜ》が 弱《よわ》まる。

海《かい》がん。

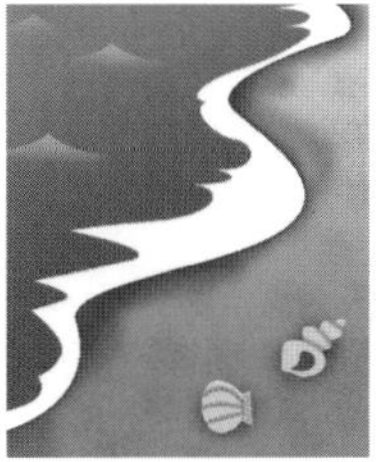

教《きょう》室《しっ》に 入る。

新《しん》聞《ぶん》を 読《よ》む。

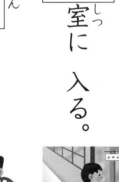

2 正しい ほうを、〇で かこみましょう。 （一つ 5てん）

(1) き

{ 汽 ／ 気 } 車《しゃ》。

(2) よわ(まる)

風《かぜ》が { 羽 ／ 弱 } まる。

(3) かい

{ 貝 ／ 海 } がん。

(4) ぶん

新《しん》 { 文 ／ 聞 } 紙《し》。

(5) き

{ 気 ／ 汽 } もち。

(6) きょう

音楽《おんがく》 { 数 ／ 教 } 室《しつ》。

(7) かい

{ 貝 ／ 海 } がら。

(8) ぶん

{ 聞 ／ 文 } を 書《か》く。

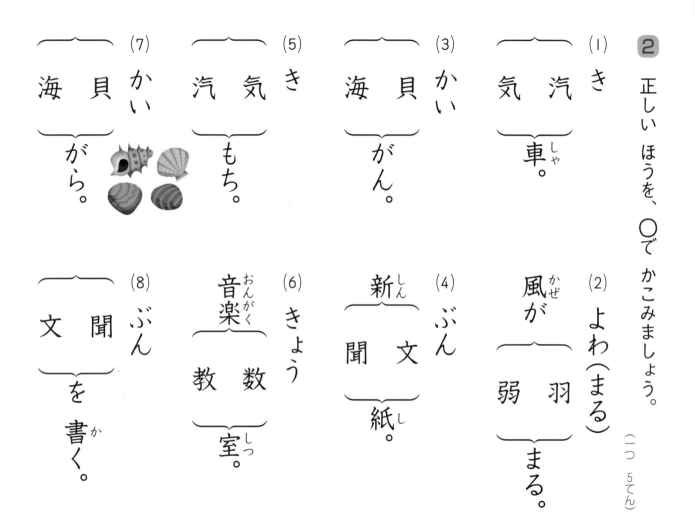

27 おぼえたかな？ チェック ⑧

1 かん字を 書《か》きましょう。（一つ 5てん）

(1) □《が》用紙《ようし》。

(2) そうじ□《とう》番《ばん》。

(3) □《かい》水《すい》よく。

(4) □《き》車《しゃ》に のる。

(5) 朝《あさ》の 新《しん》□《ぶん》。

(6) □《とお》りすぎる。

(7) 白い □《くも》。

(8) 火が □《よわ》まる。

(9) 音楽《おんがく》□《きょう》室《しっ》。

(10) 元気《げんき》な □《うた》声《ごえ》。

月　日

てん

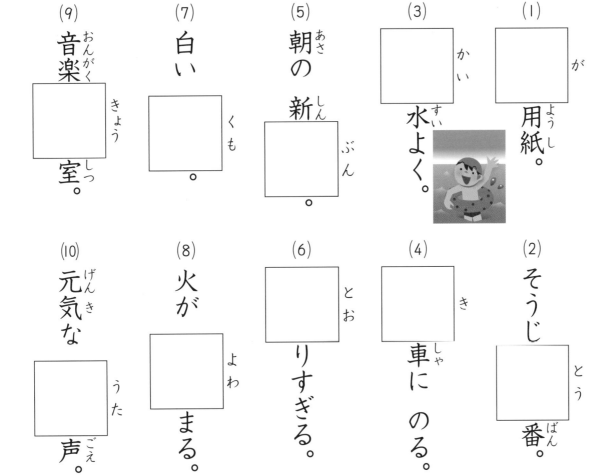

２ かん字を 書《か》きましょう。 （一つ 5てん）

(1) □《かい》がんを 歩《ある》く。 □《かい》がら。

(2) □《きょう》室《しつ》に 入る。 算《さん》数《すう》の 本。

(3) 新《しん》□《ぶん》を 読《よ》む。 □《ぶん》を 書《か》く。

(4) 力が □《よわ》まる。 鳥《とり》の □《はね》。

(5) □《き》車《しゃ》に のる。 いい □《き》もち。

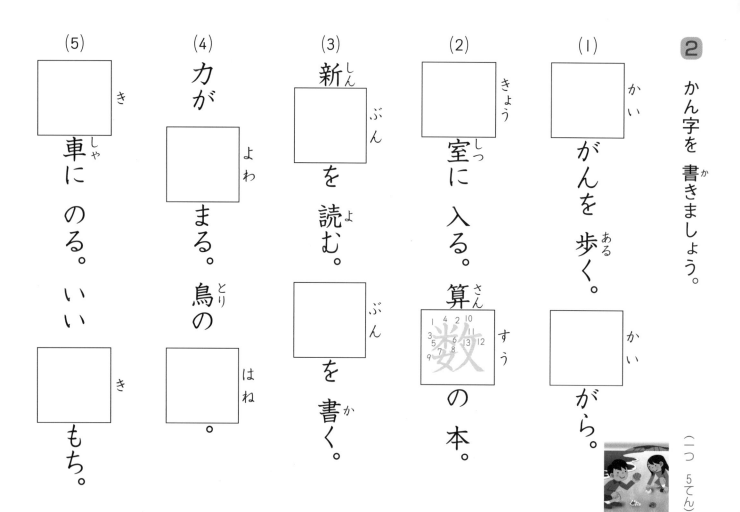

28

もう 一回《かい》、読《よ》み書《か》きチェック④

月　日

てん

1 かん字の 読《よ》みがなを 書《か》きましょう。（一つ 5てん）

(1) 細（　　）い 線（　　）を 引《ひ》く。

(2) りょう理（　　）を 食《た》べて 太（　　）る。

(3) 海（　　）がんで 犬が えさを 食（　　）う。

(4) 広《ひろ》場（　　）に 新入生（　　）が 来《く》る。

(5) 汽車（　　）が 走《はし》る。

(6) ゆび 人形（　　）。

2 かん字を 書《か》きましょう。（一つ 5てん）

(1) □《とう》番《ばん》が □《が》用紙《ようし》を くばる。

(2) □《き》車《しゃ》が □《とお》りすぎる。

(3) □《かい》がんの 風《かぜ》が □《よわ》まる。

(4) わた□《ぐも》。

(5) 古《ふる》い 新《しん》□《ぶん》紙《し》。

(6) □《きょう》室《しつ》から □《うた》声《ごえ》が 聞《き》こえる。

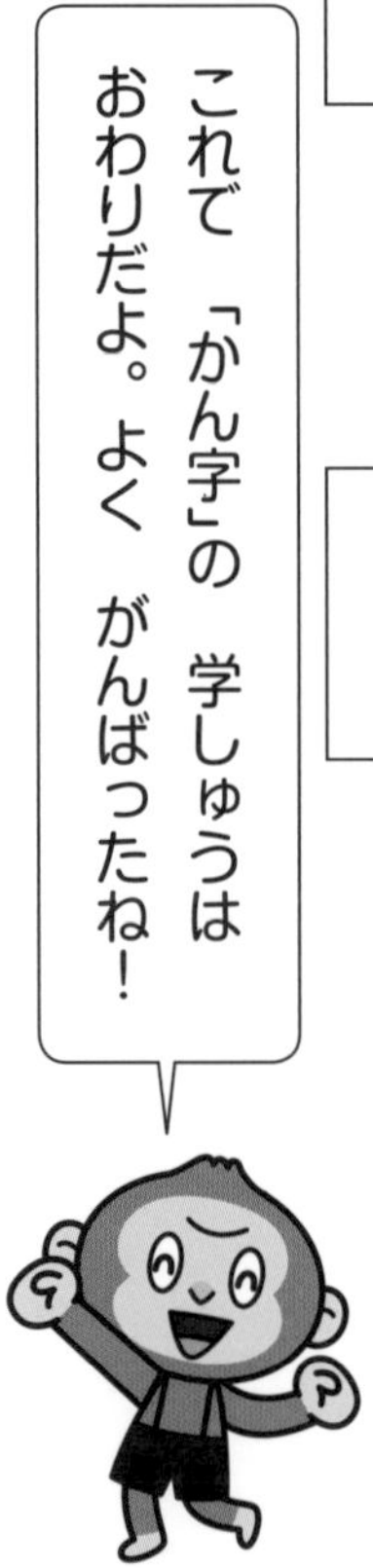

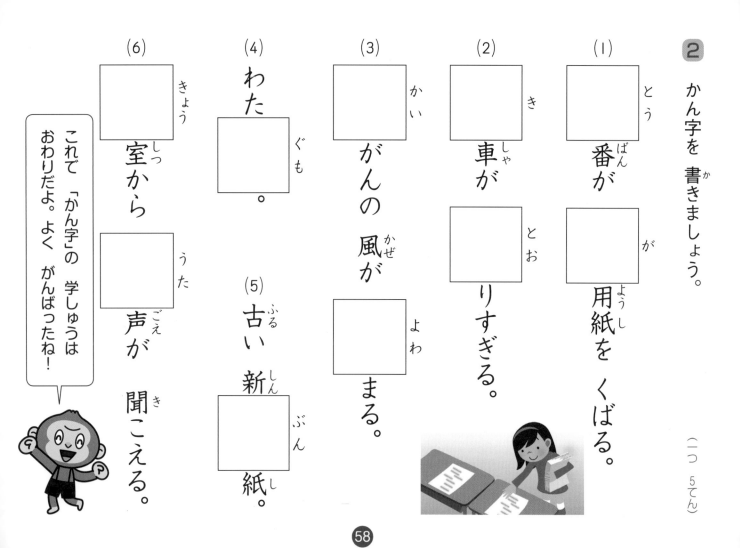

これで「かん字」の 学しゅうは おわりだよ。よく がんばったね！

答《こた》え

●（ ）は べつの 答《こた》えです。
●ことばで 書《か》く もんだいでは、ぜんぶ 書《か》けて 一つの 正かいです。
●二年生までに ならわない かん字や 読《よ》み方《かた》は、答《こた》えと して あつかって いません。

1 読みまちがえやすい 一年生で ならった かん字① 3・4ページ

1 読《よ》み方《かた》を おぼえましょう。

2 (1)うわ (2)とおか (3)か (4)しがつ (5)じっ (6)うわ (7)し (8)とおか (9)か (10)じっ

2 読みまちがえやすい 一年生で ならった かん字② 5・6ページ

1 読《よ》み方《かた》を おぼえましょう。

2 (1)あ (2)た (3)から (4)ここの (5)あ (6)みか (7)から (8)た (9)ここの (10)みかづき

3 おぼえたかな？ チェック① 7・8ページ

1 (1)か (2)あ (3)うわ (4)た (5)じっ（じゅっ） (6)から (7)しがつ (8)ここの (9)とおか (10)みかづき

2 (1)し (2)から (3)じっ（じゅっ） (4)た (5)か (6)あ (7)うわ (8)ここのか (9)とおか (10)みかづき

4 書きまちがえやすい 一年生で ならった かん字① 9・10ページ

1 つかい方《かた》を おぼえましょう。

2 (1)気・気 (2)九・九 (3)村・村 (4)犬・犬 (5)空・空

5 書きまちがえやすい 一年生で ならった かん字② 11・12ページ

1 つかい方《かた》を おぼえましょう。

2 (1)草 (2)足 (3)生 (4)足 (5)五 (6)草 (7)生 (8)三

※(1)・(6)「草」には、「艹（くさかんむり）」が つきます。

6 おぼえたかな? チェック② 13・14ページ

1
(1)九 (2)五
(3)犬 (4)三
(5)生 (6)村
(7)草 (8)気
(9)空 (10)足

2
(1)草・早 (2)足・立
(3)五・一 (4)生・行
(5)三・見

※(2)「足す」は「くわえる」、「立つ」は「おき上がる」という いみだよ。

7 もう 一回、読み書きチェック① 15・16ページ

1
(1)ここのか・とおか
(2)し・あ
(3)じっ(じゅっ)・うわ
(4)から (5)た
(6)か (7)みかづき

2
(1)九 (2)足 (3)犬・気
(4)村・空 (5)草・生
(6)五 (7)三

8 いっしょに おぼえる 二年生で ならう かん字① 17・18ページ

1
つかい方《かた》を おぼえましょう。

2
(1)父・父 (2)母・母
(3)姉・姉 (4)妹・妹
(5)兄・兄

9 いっしょに おぼえる 二年生で ならう かん字② 19・20ページ

1
つかい方《かた》を おぼえましょう。

2
(1)弟・弟 (2)親・親
(3)友・友 (4)自・自
(5)分・分

10 おぼえたかな? チェック③ 21・22ページ

1
(1)あに (2)ちち
(3)あね (4)とも
(5)はは (6)いもうと
(7)ちち (8)おとうと
(9)おやこ (10)じぶん

2
(1)友 (2)父
(3)母 (4)親
(5)弟 (6)姉
(7)母 (8)妹
(9)兄 (10)自分

11 いっしょに おぼえる 二年生で ならう かん字③　23・24ページ

1 つかい方《かた》を おぼえましょう。

2
(1)体・体　(2)毛・毛
(3)首・首　(4)頭・頭
(5)顔・顔

12 いっしょに おぼえる 二年生で ならう かん字④　25・26ページ

1 つかい方《かた》を おぼえましょう。

2
(1)牛・牛　(2)馬・馬
(3)魚・魚　(4)鳥・鳥
(5)羽・羽

13 おぼえたかかな？ チェック④　27・28ページ

1
(1)け　(2)うし　(3)くび
(4)うま　(5)からだ
(6)とり　(7)はね　(8)がお
(9)あたま
(10)さかな(うお)

2
(1)牛　(2)毛　(3)馬
(4)首　(5)体　(6)羽
(7)魚　(8)頭　(9)鳥
(10)顔

14 もう 一回、読み書きチェック②　29・30ページ

1
(1)ちち・はは
(2)いもうと・あね
(3)おとうと・くび
(4)あに・さかな(うお)
(5)じぶん・からだ

2
(1)牛・体　(2)鳥・羽
(3)頭・毛　(4)友・顔
(5)馬・親子

15 いっしょに おぼえる 二年生で ならう かん字⑤　31・32ページ

1 つかい方《かた》を おぼえましょう。

2
(1)東・東　(2)西・西
(3)南・南　(4)北・北
(5)東西・南北

16 いっしょに おぼえる 二年生で ならう かん字⑥　33・34ページ

1 つかい方《かた》を おぼえましょう。

2
(1)方・方　(2)角・角
(3)前・前　(4)後・後
(5)後・前後

17 おぼえたかな？ チェック⑤ 35・36ページ

1
(1)ひがし (2)ほう
(3)まえ (4)ぜんご
(5)みなみ (6)ほうがく
(7)うし (8)にしび
(9)きた (10)とうざい

2
(1)方 (2)西
(3)東 (4)方角
(5)南 (6)前
(7)北 (8)東西
(9)後 (10)前後

18 いっしょに おぼえる 二年生で ならう かん字⑦ 37・38ページ

1
つかい方《かた》を おぼえましょう。

2
(1)春・春 (2)夏・夏
(3)秋・秋 (4)冬・冬
(5)春・秋

19 いっしょに おぼえる 二年生で ならう かん字⑧ 39・40ページ

1
つかい方《かた》を おぼえましょう。

2
(1)朝・朝 (2)昼・昼
(3)夜・夜 (4)時・時
(5)間・間

20 おぼえたかな？ チェック⑥ 41・42ページ

1
(1)はる (2)あき
(3)なつ (4)ひる
(5)ふゆ (6)よる
(7)はる (8)あさひ
(9)じかん (10)しゅうぶん

2
(1)春 (2)時
(3)夏 (4)朝
(5)昼 (6)秋
(7)冬 (8)夜
(9)秋 (10)時間

21 もう 一回、読み書きチェック③ 43・44ページ

1
(1)はる・あさひ
(2)まえ・ほう
(3)ふゆ・よる
(4)みなみ・なつ
(5)ひる・うし

2
(1)東・西
(2)秋・冬
(3)夜・朝
(4)昼・時間
(5)北・方角

22 読みまちがえやすい 二年生で ならう かん字① 45・46ページ

1 読《よ》み方《かた》を おぼえましょう。

2 (1)ほそ　(2)ば　(3)く　(4)り　(5)ぎょう　(6)ば　(7)り　(8)ほそ　(9)く　(10)にんぎょう

※(1)「細《ほそ》い」、「細《こま》かい」のように、おくりがなに気を つけよう。

23 読みまちがえやすい 二年生で ならう かん字② 47・48ページ

1 読《よ》み方《かた》を おぼえましょう。

2 (1)せん　(2)かい　(3)しん　(4)ふと　(5)せん　(6)きしゃ　(7)ふと　(8)しんにゅう　(9)かいすい　(10)き

※(3)・(8)「新《しん》」の 読《よ》み方《かた》を おぼえよう。「新《しん》作《さく》」、「新《しん》きろく」など。

24 おぼえたかな? チェック⑦ 49・50ページ

1 (1)ば　(2)せん　(3)ほそ　(4)かいすい　(5)り　(6)ふと　(7)きしゃ　(8)く　(9)にんぎょう　(10)しんにゅうせい

2 (1)り　(2)せん　(3)ば　(4)く　(5)かい　(6)ふと　(7)き　(8)しん　(9)ほそ　(10)にんぎょう

25 書きまちがえやすい 二年生で ならう かん字① 51・52ページ

1 つかい方《かた》を おぼえましょう。

2 (1)当・当　(2)画・画　(3)通・通　(4)雲・雲　(5)歌・歌

※(5)「歌」の「欠」を「攵」と する まちがいが 多《おお》いので、気を つけよう。

26 書きまちがえやすい 二年生で ならう かん字②

53・54ページ

1 つかい方《かた》を おぼえましょう。

2 (1)汽 (2)弱 (3)海 (4)聞 (5)気 (6)教 (7)貝 (8)文

27 おぼえたかな? チェック⑧

55・56ページ

1 (1)画 (2)当 (3)海 (4)汽 (5)聞 (6)通 (7)雲 (8)弱 (9)教 (10)歌

2 (1)海・貝 (2)教・数 (3)聞・文 (4)弱・羽 (5)汽・気

※(5)「汽」と「気」は、読《よ》み方《かた》が 同《おな》じで、形《かたち》も にて いるので、かん字の いみや つかい方《かた》の ちがいを おぼえよう。

28 もう 一回、読み書きチェック④

57・58ページ

1 (1)ほそ・せん (2)り・ふと (3)かい・く (4)ば・しんにゅうせい (5)きしゃ (6)にんぎょう

2 (1)当・画 (2)汽・通 (3)海・弱 (4)雲 (5)聞 (6)教・歌

※(1)「当」の「ヨ」を「彐」に、(4)「雲」の「⻗」を「雨」に、書《か》きまちがえないように 気を つけよう。